AF305653

1904. Mai. 31

VENTE

HOTEL DROUOT — SALLE N° 11

Les Mardi 31 Mai et Mercredi 1er Juin 1904

A 2 HEURES 1/4

ANCIENNES TAPISSERIES

Etoffes, Tentures, Tapis d'Orient

MEUBLES - OBJETS D'ART

Epoques et Styles

XVIe, XVIIe et XVIIIe siècles

Bijoux, Objets de vitrine

SUITE D'ESTAMPES JAPONAISES

TABLEAUX

Livres Français et Espagnols

Commissaire-Priseur : Me Paul POPIN, *4, Rue Richer*

M. Arthur BLOCHE	**M. Albert du MAY**
EXPERT PRÈS LA COUR D'APPEL	EXPERT-LIBRAIRE
51, *rue Saint-Georges*, 51	21, *rue Le Peletier*, 21

EXPOSITION PUBLIQUE

Le Lundi 30 Mai 1904, de 2 heures à 6 heures

C. CHAUFOUR

8-10, RUE MILTON, 8-10

PARIS

CONDITIONS DE LA VENTE

Elle sera faite au comptant.

Les acquéreurs paieront 10 o/o en sus des adjudications.

L'exposition mettant le public à même de se rendre compte de l'état des objets, il ne sera admis aucune réclamation une fois l'adjudication prononcée.

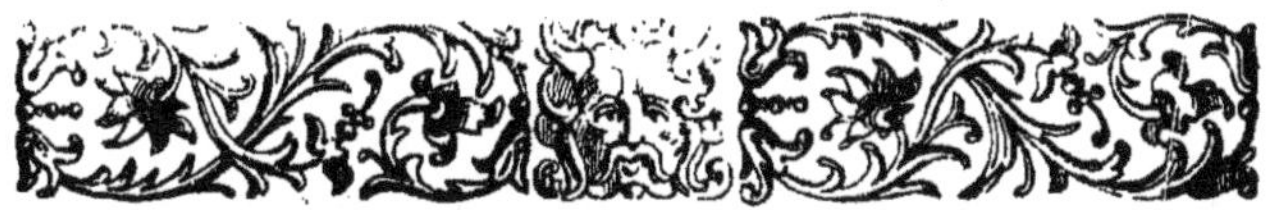

DÉSIGNATION

TAPISSERIES ANCIENNES

1 — Tapisserie ancienne représentant le roi
Assuérus entouré de personnages, large bordure à gerbes et à fruits.

2 — Fragment de tapisserie représentant le
Départ d'Abraham.

3 — Tapisserie ancienne représentant des guerriers prenant un fort à l'assaut.

4 — Tapisserie représentant : Rébecca à la Fontaine.

5 — Tapisserie ancienne représentant un sei-
gneur entouré de ses guerriers, bordure à
fleurs et feuillages.

6 — Fragment de tapisserie représentant deux
personnages combattant, grande bordure à
fleurs et feuillages.

7 — Tapisserie ancienne representant : la
Vierge, l'Enfant et Saint-Joseph.

8 — Tapisserie ancienne représentant une
scène de la Vie du Christ, bordure sur trois
colés à fleurs, feuillages et fruits.

9 — Tapisserie ancienne représentant : les
Noces de Cana, bordures sur trois côtés à
fleurs et à fruits.

10 — Grande tapisserie représentant : la rencon-
tre de Melchissédec et d'Abraham.

11 — Panneau en tapisserie ancienne représentant : le Sacrifice d'Abraham.

12 — Tapisserie représentant un char royal.

13 — Petit panneau en ancienne tapisserie représentant un holocauste.

14 — Grand panneau en ancienne tapisserie représentant une chasse au loup. Bordure fond bleu à rinceaux feuillagés. xvie siècle.

15 — Tapisserie de la Renaissance, représentant une Reine offrant une coupe au roi ; composition de nombreux personnages.

16 — Tapisserie ancienne représentant : le Jugement de Pâris.

17 — Panneau en ancienne tapisserie représentant un guerrier à cheval.

18 — Petit panneau en ancienne tapisserie, représentant Hercule sous un portique.

19 — Portière en ancienne tapisserie à personnages.

ETOFFES, TAPIS D'ORIENT

TENTURES

20 — Deux dalmatiques en velours rouge et soierie Renaissance.

21 — Deux morceaux fond vert broché argent.

22 — Robe Empire soie fond violet.

23 — Morceau Louis XV soie fond vert.

24 — Lot de soierie Louis XV.

25 — Napperons et bandeaux en fil brodé et filet.

26 — Huit mètres point applications d'Angleterre.

27 — Vingt-quatre cartons renfermant des échantillons d'étoffe.

28 — Quarante-sept mètres de damas rouge.

29 — Trois morceaux brocart Louis XV fond bleu et or à fleurs.

30 — Deux chasubles Louis XV en brocart de soie.

31 — Deux morceaux Louis XVI soierie rose à fleurs.

32 — Deux bandeaux en brocatelle.

33 — Petite chape damas rouge Renaissance.

34 — Grand manteau fond gris et applications de broderies d'argent doré.

35 à 40 — Onze manteaux de dame en drap et soie, garnis de broderies et de fourrure.

OBJETS D'ART

41 — Buste de général anglais du temps de Louis XIV en marbre.

42 — Statuette de Moïse en bronze, édition de BARBEDIENNE, socle en peluche.

43 — Pendule époque Louis XIV en marqueterie de Boulle.

44 — Statuette en bronze : la Baigneuse d'ALLE-
GRAIN, édition de BARBEDIENNE.

45 — Haut-relief en marbre : les Hirondelles,
signé CASSAIGNE.

46 — Haut-relief en marbre : l'Histoire.

47 — Buste en marbre grandeur nature : la Musique.

48 — Petit buste en marbre : Fantaisie.

49 — Buste en marbre de la Baigneuse, d'ALLE-
GRAIN.

50 — Statuette en marbre : Rêverie.

51 — Petit buste en marbre : la Musique.

52 — Deux plats en porcelaine décorée de sujets
Ier Empire.

53 — Service Empire : plateau, trois carafons et
six verres.

54 — Deux médaillons en bronze, d'après CLO-
DION.

55 — Encrier en marbre et bronze.

56 — Deux supports d'applique en bronze garni
de cristaux.

57 — Deux appliques à gaz à trois lumières.

58 — Cinq petits socles en marbre.

59 — Serrure ancienne.

60 — Médaillon en terre cuite.

61 — Deux lots de motifs et serrure Empire.

62 — Suspension de salle à manger en bronze à
dix lumières (préparée pour le gaz).

63 — Pendule en porcelaine pâte tendre ornée
dans le haut d'un bouquet de fleurs de lys en
bronze ciselé et doré.

64 — Deux cache-pots en porcelaine pâte tendre
fond bleu turquoise, orné de médaillons à
scènes d'intérieurs.

65 — Coupe en porcelaine pâte tendre,fond bleu turquoise, ornée d'émaux, et d'un médaillon portrait de la princesse de Lamballe, monture en bronze doré.

66 — Deux boites à jeu contenant des jetons en nacre gravée.

67 — Coffret à ouvrage en bois laqué d'or avec accessoires en os sculpté.

68 — Boite à thé laquée avec flacons en étain gravé.

68 bis — Coffret en bois incrusté de nacre.

69 — Deux plateaux corbeilles et quatre dessous de carafe en bois laqué.

70 — Service à thé en biscuit à dessins bleus en relief, composé d'une théière, sucrier et pot à crême.

71 — Fontaine en cuivre avec pied en fer forgé.

73 — Statuette de Vierge en ivoire Louis XIII.

73 — Quatre statuettes de saints en ivoire.

74 — Triptyque peinture sur bois : Descente de croix.

75 — Triptyque peinture sur bois : la Vierge, saint Jean et sainte Madeleine.

76 — Statuette en bois sculpté : l'Enfant Jésus.

77 — Trois petites lampes juives en cuivre.

78 — Trois plats en cuivre Renaissance.

79 — Groupe en porcelaine polychrome : les Chanteurs.

80 — Saint en bois sculpté et peint.

81 — Service à café Ier Empire en porcelaine décorée.

82 — Boîte en porcelaine de Capo-di-Monte.

83 — Quatre tasses et huit plats en faïence d'Alcora à fleurs et personnages.

84 — Grande statuette de reine en bois sculpté, peint et doré. xviie siècle.

85 — Lot de vases et pièces en verre de Venise.

86 — Deux chênêts en bronze Louis XIII.

87 — Vase en faïence décorée.

BIJOUX, OBJETS DE VITRINE

88-89 — Deux éventails, un en écaille blonde et plumes grises, un en os avec feuille peinte.

90 — Sautoir or orné de trente-quatre pierres fines.

91 — Remontoir de dame or, boîtier finement ciselé.

92 — Paire de boucles d'oreilles or enrichies de perles fines entourées de diamants.

93 — Broche or massif très finement ciselé, ornée d'une opale.

94 — Bague or ornée d'une perle fine entourée de diamants.

95 — Bague or et platine forme carrée, ornée
d'un saphir avec double entourage en diamants.

96 — Bague or, forme marquise ovale, ornée de
diamants et d'émeraudes.

97 — Bague or et platine, forme rivière, ornée
d'une perle fine et de deux brillants.

98 — Bague or, forme marquise, ornée de sa-
phirs et de diamants.

99 — Flacon à sels, monture or de couleurs
finement ciselé.

100 — Breloque or enrichie de diamant et d'émeraudes, parties émaillées.

101 — Aumônière en vermeil, écusson Louis XV
sur les mailles.

102 — Petit carnet en écaille, cachet et étui en
ivoire sculpté, petit jeu en ivoire, deux petits
couteaux dans un étui, briquet et noix de
coco gravée.

103 — Volume : personnages indiens.

104 — Lot de nombreux coquillages de toutes grandeurs.

105 — Microscope d'ANDRIVEAU.

MEUBLES

106 — Joli fauteuil en bois sculpté, à contours fleuronnés et coquilles. Époque Louis XIV. Provient du château d'Hérisson.

107 — Deux stalles gothiques formant coffres en bois sculpté, offrant des saints sous des portiques et des ogives, le haut à animaux et armoiries.

108 — Grande et belle table-bureau Louis XIV en marqueterie de bois de rose et palissandre, garnie de bronzes à mascarons, cariatides de femmes et encadrement, dessus en cuir doré au petit fer.

109 — Table en marqueterie de bois de luxe, dessin à carrelages, garnie de bronzes. Style Louis XV.

110 — Fauteuil en noyer sculpté à contours feuillagés et coquillés, couvert en tapisserie d'Aubusson à fleurs et volatiles, fond crème sur contre-fond bleu. Style Louis XV.

111 — Paravent ancien du Japon s'ouvrant à six feuilles, offrant en peinture sur fond d'or, des paysages montagneux et boisés, des pagodes et palais, animés de nombreux petits personnages et d'animaux.

112 — Petit bureau bonheur-du-jour Louis XVI en acajou orné de bronzes.

113 — Petite table ovale Louis XVI en bois satiné, ornée de bronzes.

114 — Secrétaire Empire en acajou et bronzes.

115 — Petite commode en acajou de l'époque Louis XVI.

116 — Glace cadre en bois sculpté et doré, époque Louis XVI.

117 — Méridienne en acajou, époque du 1er Empire.

118 — Fauteuil du Ier Empire en acajou recouvert de soierie fond rouge.

119 — Guéridon en acajou époque du Directoire.

120 — Écran en acajou époque Ier Empire.

121 — Table en bois de rose.

122 — Semainier Ier Empire.

123 — Petit meuble hispano-arabe incrusté de bois.

124 — Deux colonnes en bois sculpté et doré de la Renaissance.

125 — Deux cadres Louis XV en bois sculpté et doré.

126 — Coffre italien en bois sculpté fond doré.

127 — Coffre Renaissance espagnole en bois sculpté et peint à écusson et têtes d'anges.

128 — Deux chaises en bois doré garnies d'étoffe ancienne.

129 — Petite table à ouvrage.

130 — Six chapiteaux gothiques en pierre sculptée à figures et feuillages.

131 — Grand encadrement Renaissance en bois sculpté, peint et doré.

132 — Petite table Louis XVI en marqueterie.

133 — Petite table Louis XV forme rognon ornée de peinture vernis Martin, à fleurs et sujets Boucher sur fond d'or ornée de bronzes dorés.

TABLEAUX

DESSINS. GRAVURES

134 — ANGELVY. *Paysage*.

135 — BERTALL. *Type parisien : Nana*. Dessin.

136 — BRASCASSAT. *Moutons au pâturage*.

137 — CHARDIN (Genre de) *Nature morte*. Pastel.

138 — COROT (Genre de) *Paysage*.

139 — DESCAMPS. *Brigands italiens*.

140 — DELPY. *Les Blés à Auvers* (Oise).

141 — DELPY. *Pleine mer*.

142 — DEMAREST. *La Cour des Hospices de St-Malo*.

143 — DEMAREST. *Scène Louis XV*.

144 — DROOGSLOT. *Le Musicien aveugle*.

145 — ECOLE DU XVIe SIECLE *La Crucification*.

146 — ECOLE ANCIENNE. *La Nativité*.

147 — ECOLE ANCIENNE. *La Résurrection*.

148 — ECOLE ANCIENNE. *Education de la Vierge*. Peinture sur fond d'or.

149 — ECOLE ESPAGNOLE. *La Vierge et l'Enfant*.

150 — ECOLE FLAMANDE. *La Flagellation*.

151 — ECOLE FRANÇAISE. *Portraits d'homme et de dame du XVIIIe siècle*. Deux peintures en grisaille. Jolis cadres en bois sculpté.

152 — ECOLE FRANÇAISE. *Portrait de femme.*

153 — ECOLE FRANÇAISE DU XVIIIe SIECLE. *Portrait de la Pompadour*. Pastel.

154 — ECOLE FRANÇAISE DU XVIII^eSIECLE. *Portrait d'homme.*

155 — ECOLE FRANÇAISE DU XVIIIe SIECLE. *Portrait de femme*. Cadre ovale.

156 — ECOLE MODERNE. *Paysage*. Etude.

157 — FLERS. *Fermes en Normandie* Provient de la collection BEUGNIET.

158 — GIACOMELLI (D'après). *Oiseaux*. Fac-similé.

159 — GIROUX (ACHILLE). *Amazone.*

160 — GREUZE. *Tête de Forgeron.*

160 *bis* -- INGRES. *Portrait du maître.* Signé et
daté 1858.

161 — ISABEY (E.). *Marée basse à Varangeville.*
Signé et daté 1875. (Collection Prud'hon).

162 — NATTIER (D'après). *Portrait de femme.*

163 — NOEL (Jules). *Ferme en Bretagne.*

164 — PETIT (Eugène). *Vase de fleurs.*

165 — DEL PIOMBO. *Sainte-Véronique essuyant.
la face de Jésus-Christ*

166 — ROUSSEAU (Attribué à Th.). *Paysage.*

167 — VAN DYCK (Attribué à). *Descente de croix*
Sépia.

168 — VANSCHENOTEL. *Clair de lune.*

169 — VAN THOREN. *Le Parc aux bœufs.*

170 — VERCHAIN. *Le Pont Marie* (Ile St-Louis).
Aquarelle.

171 — VEYRASSAT (J.). *Retour de marché à
Samois.*

172 — Trois gravures en couleur : portraits de femmes.

173 — Deux gravures en couleur : Assemblées au bal et au Concert.

ESTAMPES JAPONAISES

174 — Onze portraits de femmes, par Kigugawa YEIZAN, environ 1790.

175 — Six portraits de femmes, scènes dramatiques, par Kitugawa OUTAMARO. **Signés.** Outamaro 1754-1797 est le peintre par excellence de la femme japonaise dont il rend toute la grâce, l'élégance et la séduction. Voir le monographe de M. de Goncourt sur l'œuvre d'Outamaro.

176 — Trois belles vues de chutes d'eau, par HOKUSAI Tamekadzu, Yedo, environ 1825.

177 — Dix-huit estampes noires et blanches. Vue
du Yedo-Meish par Hokusai signées,
Yedo environ 1830.

178 — Treize Surimonos, par Kaisai Eisen, datés
1830, un des meilleurs élèves de Hokusai.

179 — Deux Diptyques
1. Pont au jardin du Temple,
2. Jeu de paume (Battledone et Shuttle-
cock en anglais), par Outagawa Foyo-
kuni signés, Iedo environ 1810.

180 — Trois Diptyques
Deux beautés de Joshiwara.
Musique et fleurs au clair de lune.
Geisha et Péonies, reines de beauté et
reines des fleurs, par Outagawa Toyo-
kuni signées, Yedo environ 1810.

181 — Trois Triptyques, par Kunisada. Deux
portraits de femmes et une scène de ba-
taille. (Tuant l'ennemi par revanche à
Igajoje). Yedo environ 1810.

182 — Trois autres
    1. Scène de théâtre.
    2. Femmes en bateau.
    3. Dames sur un balcon.
    par KUNISADA signés, Yedo environ 1820.

183 — Trois autres
    1. Toilette de dames.
    2. Scène de théâtre.
    3. Dames buvant du thé.
    par Kunisada signés, Yedo environ 1830.

184 — Trois autres
    Scènes domestiques, par Kunisada signés
    environ 1823.

185 — Vingt-trois estampes, Vues du Japon
    Une série fameuse, par Hieroshige si-
    gnées, Yedo environ 1845. Hieroshige
    1797-1858, le plus grand peintre de
    paysages du Japon et après Hokusai
    l'artiste le plus original et le plus fertile en
    imagination.

186 — Quatre Surimonos, par Hokusai signés,
    Yedo 1830.

187 — Objets omis.

LIVRES

188 — **Molière**. OEuvres complètes. 1792. 6 vol. in-4º, rel. ébarbé.

189 — **Molière**. OEuvres complètes. Baudouin, 1826. 1 vol. in-8º, reliure chagrin plein, fers spéciaux (reliure de Charon).

190 — **Montaigne**. Essais. Paris 1635. 1 vol. in-8º rel. anc. (manque le titre).

191 — **Boileau**. OEuvres. Paris 1809. 3 vol. in-fº, rel. anc.

192 — **Ouvrages divers**. Corneille, Ducis, Fénélon, Labruyère, Lafontaine, Milton, Voltaire, etc.

193 — Collection partielle du Théatre Français.

194 — Environ 2.000 volumes reliés et brochés. Ouvrages d'Histoire et de Littérature.

195 — Revue des Deux Mondes.

196 — Revues diverses, Brochures, Romans.

197 — Grand Dictionnaire Larousse (17 volumes).

198-250 — Nombreux ouvrages anciens en langue espagnole, archéologie, architecture, Histoire de l'Espagne, Iconographie, Linguistique, Littérature, Théologie, Voyages, etc.

251 — Ouvrages divers.

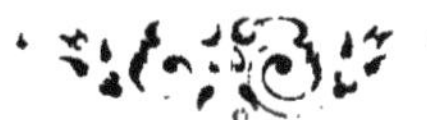